Las na...
de la fruta al jugo

por Layne deMarin

Tabla de contenidos

Bebe las vitaminas........................2

Cultivo de naranjas 4

Cosecha de naranjas...................8

Preparación del jugo..................12

Glosario 15

Índice..16

Consultora:
Adria F. Klein, Ph.D.
California State University, San Bernardino

capstone
classroom
Heinemann Raintree • Red Brick Learning
division of Capstone

Bebe las vitaminas

El desayuno es la comida más importante del día. Después de dormir toda la noche, el cuerpo necesita más combustible para pasar todo el día. El jugo de naranjas es una parte saludable de un buen desayuno.

El jugo de naranjas está lleno de vitaminas que mantienen saludable tu cuerpo. En especial tiene mucha vitamina C. La vitamina C es buena para la sangre, los músculos, los huesos y las encías.

Cultivo de naranjas

El jugo de naranjas proviene de las naranjas que crecen en árboles. Los árboles de naranjas crecen mejor con mucho sol, clima cálido y suelo arenoso. En los Estados Unidos, la mayoría de las naranjas provienen de la Florida y de California.

Los árboles de naranjas están verdes todo el año. Florecen en primavera con pequeñas flores blancas llamadas azahares. De hecho, la flor del estado de la Florida es el azahar.

Los azahares tienen aroma muy dulce
y atraen a las abejas. Las abejas se
posan en las flores para juntar **néctar**.
Llevan algo de **polen** en el cuerpo.
Luego vuelan de flor en flor y esparcen
el polen en todas partes.

El polen hace que el azahar crezca hasta ser una naranja. Lleva muchos meses para que la flor se convierta en una naranja. En el verano, las naranjas están verdes. No cambian de color hasta que están listas para que las cosechen.

Cosecha de naranjas

Los agricultores deben cuidar los árboles mientras crece la fruta. Un cultivo de naranjas puede dañarse o echarse a perder si el clima es demasiado frío. Los agricultores también protegen los árboles de los insectos que quieren comerlos o comer su fruta.

Las naranjas están listas para la cosecha en el otoño. Las naranjas maduras se vuelven anaranjadas. La mayoría tiene que recolectarse a mano. Los trabajadores se suben en escaleras para alcanzar las naranjas de los árboles. Llenan grandes costales mientras recogen la fruta.

Cuando un costal está lleno, se vacía en una gran tina. Una tina llena puede pesar hasta 900 libras (408 kilogramos). El único modo de transportar estas tinas es con un tipo especial de camión.

Este camión especial de carga se llama "chiva". Tiene un elevador que levanta cada tina. Transporta la tina a un camión más grande y vacía allí las naranjas. Cuando el camión más grande está lleno de naranjas, llega a contener 45,000 libras (20.412 kilogramos) de fruta.

Preparación del jugo

El camión grande lleva las naranjas desde la granja hasta una planta procesadora. Esta es una especie de fábrica donde se transforma las naranjas en jugo. Primero las naranjas se limpian y se clasifican. Luego una máquina les exprime el jugo.

Por lo general, el jugo contiene semillas y **pulpa**, así que se lo pasa a través de un filtro. El **filtro** separa del jugo esos trocitos. Después de filtrarlo, el jugo todavía conserva gérmenes que podrían enfermar a las personas. El paso siguiente es **pasteurizar** el jugo para matar cualquier germen dañino.

El último paso es poner el jugo en botellas o cartones. Se envía a la tienda para que lo compres y lo lleves a casa. Así puedes beber un vaso de jugo de naranja en el desayuno. ¡Es una forma saludable de empezar un nuevo día!

Glosario

filtro
tamiz que separa líquidos de sólidos

néctar
líquido dulce que está dentro de una flor; las abejas fabrican miel con el néctar

pasteurizar
calentar un líquido hasta una temperatura determinada para matar las bacterias

polen
pequeños granos en las flores de las plantas que hacen que la planta produzca semillas

pulpa
parte blanda y jugosa de una fruta

Índice

abejas, 6

árboles de naranjas, 4, 5, 8, 9

camión, 10, 11, 12

cartones, 14

filtro, 13

flores, 5, 6, 7

néctar, 6

pasteurizar, 13

planta procesadora, 12

polen, 6, 7

pulpa, 13

vitamina, 3